Lorenz Pauli, geboren 1967, lernte Kaufmann, dann Erzieher. Er ist Geschichtenerfinder und -erzähler für Rundfunk und Verlage. Im November 2003 erhielt Lorenz Pauli die Ehrenurkunde des Österreichischen Staatspreises für Kinderlyrik.

Kathrin Schärer, geboren 1969, studierte Zeichen- und Werklehrerin an der Hochschule für Gestaltung Basel. Sie unterrichtet an einer Sprachheilschule und arbeitet daneben als Autorin und Illustratorin. 2012 war Kathrin Schärer für den Hans-Christian-Andersen-Preis nominiert.

Weitere Informationen zum Kinder- und Jugendbuchprogramm von Fischer Sauerländer auf *www.fischer-sauerlaender.de*

FSC www.fsc.org MIX Papier | Fördert gute Waldnutzung FSC® C043106

9. Auflage 2025

Erschienen bei Fischer Sauerländer

Hedderichstr. 114, 60596 Frankfurt am Main
Erstmals erschienen 2001 bei Sauerländer

Druck: Grafisches Centrum Cuno GmbH & Co. KG, Calbe
Printed in Germany
ISBN 978-3-7373-6105-7

Kontaktadresse nach EU-Produktsicherheitsverordnung:
produktsicherheit@fischer-sauerlaender.de

Wie weihnachtelt man?

Eine Geschichte von Lorenz Pauli

mit Bildern von Kathrin Schärer

FISCHER SAUERLÄNDER

»Euleuleule!«, ruft der kleine Hase.
Die Eule öffnet ein Auge.
»Eule, was ist Weihnachteln? Wie weihnachtelt man?«
Die Eule blinzelt.
»Weihnachten ...?«, sagt sie. »Weihnachten ist, wenn ...
wenn alle der Eule ein Geschenk bringen.«
»Ach?«
»Ja! Und dann ist da noch ein Weihnachtsbaum,
ein Baum, der glitzert und leuchtet.«

»Eule, Eule, das muss ich den Anderen sagen.
Wir weihnachteln!«
Und schon ist der kleine Hase weg.

Der kleine Hase fragt seine Freunde, ob sie auch
weihnachteln wollen. Der Dachs lässt sich
nicht stören, der Bär lässt sich nicht wecken,
aber Eichhörnchen, Specht und Maus machen mit.

Alle werden der Eule ein Geschenk bringen.
Der kleine Hase hat bereits eine Idee: Beim Graben hat er einen Glücksstein gefunden. Daraus macht er eine Halskette. Die wird der Eule gefallen, denkt er.

Endlich ist es so weit.

Der kleine Hase macht sich auf den Weg zur Eule.
Hopp, hopp, … hoppla? Was ist dort los?

Das Eichhörnchen schluchzt:
»Ich hab für die Eule einen Kreisel
genagt. Aus einem Tannenzapfen.
Und jetzt ist er mir zerbrochen.«

Der kleine Hase tröstet das
Eichhörnchen und streckt ihm
sein Geschenk hin:
»Für dich, weil heute Weihnachteln
ist. Und jetzt nagen wir zusammen
einen neuen Kreisel. Ich hab ganz
praktische Zähne.«

Schön sieht die Halskette auf Eichhörnchens
Pelz aus! Mit dem fertigen Kreisel machen
sie sich auf den Weg zur Eule.

Hopp, hopp, … hoppla? Was ist da los?

Von weitem hören sie den Specht zetern.
»Wo ist sie bloß? Wo liegt sie bloß? So ein Käfermist!«
Der Specht hat für die Eule eine Flöte gemacht.
Die Löcher hat er mit dem Schnabel selbst gehackt.
Aber jetzt ist sie ihm runtergefallen.

»Wir helfen dir suchen«, sagt das Eichhörnchen. »Zusammen
finden wir deine Flöte rasch. Und weil heute Weihnachteln ist,
habe ich ein Geschenk für dich: einen Tannenzapfenkreisel.«
»Und ich habe die Flöte schon!«, ruft der kleine Hase.

Zu dritt machen sie sich auf den Weg zur Eule.
Hopp, hopp, … hoppla? Was ist denn da los?

Die Maus wimmert leise: »Ich schäme mich so.
Da hab ich doch für die Eule ein Bild gemacht, aus ganz vielen Körnern. Das Bild sah richtig schön aus. Aber dann, dann bekam ich plötzlich einen Riiie-sen-hun-ger und ...«

Der Specht trippelt von einem Bein aufs andere: »Ach was, das kriegen wir gemeinsam wieder hin. Und weil Weihnachteln ist, schenke ich dir eine Flöte. Du spielst darauf und wir flicken dein Bild.«

Die Freunde machen sich an die Arbeit und
als sie fertig sind, staunen sie über ihr Werk.
Das Bild ist beinahe schöner als zuvor.

»Hoo-hopp!« – heben sie es hoch und
machen sich auf den Weg zur Eule.

Endlich sind sie da. Die Eule wartet mit schlechtem Gewissen. Sie hat dem Hasen gesagt, alle müssten nur ihr ein Geschenk bringen, und dabei weiß sie: Weihnachten ist ein Fest für alle.

Der kleine Hase lacht und sagt: »Eule, es ist anders gekommen. Ich habe mein Geschenk dem Eichhörnchen geschenkt, das Eichhörnchen seins dem Specht, der Specht seins der Maus und die Maus … die Maus ist die Einzige, die ein Geschenk für dich hat.«

Die Eule schaut das schöne Körnerbild lange an.

Schließlich sagt sie: »Dann hat nur einer noch kein Geschenk bekommen …
Lieber Hase, was wünschst du dir?«
Der kleine Hase strahlt: »Einen Weihnachtsbaum, einen der glitzert und leuchtet.«

Die Eule führt den kleinen Hasen
auf die Wiese – unter die große Tanne.

Als er hinaufschaut,
sieht er die Sterne durch die Äste blinken und glitzern.
Und der Mond leuchtet auf der Tannenspitze.
Ein wunderbarer Weihnachtsbaum.
Die Maus nimmt ihre Flöte und spielt ein Lied.

Und alle singen mit.